복 있는 사람

오직 여호와의 율법을 즐거워하여 그 율법을 주야로 묵상하는 자로다.
저는 시냇가에 심은 나무가 시절을 좇아 과실을 맺으며 그 잎사귀가 마르지 아니함 같으니
그 행사가 다 형통하리로다.(시편 1:2-3)

레슬리 뉴비긴의 성경 한 걸음

Lesslie Newbigin

A Walk Through The Bible

레슬리 뉴비긴의 성경 한 걸음

레슬리 뉴비긴 지음 | 윤종석 옮김

복 있는 사람

레슬리 뉴비긴의 성경 한 걸음

2013년 4월 22일 초판 1쇄 발행
2024년 10월 25일 초판 8쇄 발행

지은이 레슬리 뉴비긴
옮긴이 윤종석
펴낸이 박종현

(주) 복 있는 사람
서울특별시 마포구 연남동 246-21(성미산로23길 26-6)
Tel 723-7183(편집), 723-7734(영업·마케팅) | Fax 723-7184
hismessage@naver.com
등록 1998년 1월 19일 제1-2280호

ISBN 979-11-7083-188-4 03230

A Walk Through The Bible
by Lesslie Newbigin

뉴비긴 일가와 출판사는

매들린 베드포드Madeleine Bedford에게 감사를 드린다.

그녀는 레슬리 뉴비긴에게 전체 이야기에 따라

성경을 읽는 방송 강연을 처음 제안했고,

강연 시리즈를 제작하여 영국 프리미어 기독교 라디오로 방송했다.

이 책은 그 내용을 처음으로 출간한 것이다.

차례

서문

내가 레슬리 뉴비긴 주교를 처음 만난 것은 그가 뉴잉글리시 교향악단의 콘서트를 보러 우리 성삼위일체 브롬튼 교회에 왔을 때였다. 그날 저녁 나는 그가 왔다는 말을 듣고 다가가 내 소개를 했다. 내친 김에 그에게 혹시 우리 교회에서 말씀을 전해 줄 수 있는지 약간 자신 없이 물었다. 그는 아주 너그럽게 즉시 승낙해 주었다. 그렇게 시작된 인연이 해를 거듭하면서, 그 만남은 우리에게 엄청난 유익을 안겨 주었다. 자상하게도, 그는 세상을 떠날 때까지 나와 우리 교회에게 공적으로나 사적으로나 따뜻한 마음과 우정을 베풀어 주었다. 내 생각에 그는 가르칠 수 있는 기회를 사랑했다. 또한 삶을 사랑했고 젊은이들을 사랑했다.

누구나 그렇겠지만, 교회 생활을 하다 보면 황홀한 절정에 오를 때도 있고 한없이 바닥에 떨어질 때도 있다. 이따금씩 산꼭대기에 이르는 순간이면, 믿음과 비전과 선교의 열정이 새롭게 되살아나곤 한다. 레슬리 주교가 1997년 7월 우리 교회의 연례 교육 축제에서 가르치던 때도 그런 순간 중 하나였다. 물론 그전에도 그는 우리 교회의 성경

학교에서 가르쳤고, 그때마다 우리는 그를 통해 열정을 느낄 수 있었다. 그는 박학다식한데다 긍휼이 넘쳤고, 그리스도의 교회가 풍성해지기를 바라는 열망이 남달랐다. 하지만 그가 우리 교회에서 가르친 것은 안타깝게도 그해가 마지막이 되었다. 그는 이틀 오전 동안 원고도 없이 서서 성경 이야기를 들려주었다. 그가 말한 내용이 이 책에 고스란히 담겨 있다.

그 두 시간의 영향은 가히 말로 표현하기 어렵다. 성경 이야기를 말하는 일 속에 마치 그의 생애와 사역 전체가 압축된 것 같았다. 평생을 뛰어난 학문과 선교 사역에 몸 바친 그가 결국 돌아온 곳은 성경의 거대 내러티브였다. 19세기의 찬송 작사가 아라벨라 행키Arabella C. Hankey는 그것을 이렇게 표현했다.

주 예수 크신 사랑 늘 말해 주시오.
나 항상 듣던 말씀 또 들려주시오.
저 뵈지 않는 천국 주 예수 계신 곳,
나 밝히 알아듣게 또 들려주시오.

'나 항상 듣던 말씀'을 레슬리 주교는 쉽고도 능력이 넘치게 들려주었다. 그는 이 이야기를 세상의 모든 이야기보다 뛰어난 진리로 알았다. 이 이야기를 통해서만 우리는 역사와 인류를 이해할 수 있다. 세상의 희망도 이 이야기 속에 있으며, 그리스도의 부활은 이야기의 결말을 보여주는 전조였다. 바로 이 이야기가 레슬리 주교를 빚어 냈다. 그는 이 이야기 속에 살았고, 교회 생활에는 물론 폭넓은 세상 문화의 모든 부분에까지 이것을 탁월한 솜씨로 접목시켰다. 레슬리 주교는 이 이야기를 계속 살려 내기 원했고, 그리하여 날로 거세지는 세속화의 물결 속에서 이 이야기와 특히 그 주인공이 다시 한 번 우리와 우리 사회를 결정짓는 핵심 요인이 되기를 원했다. 그것이 그의 열망이었다. 그래서 그가 한 이야기는 말하자면 이런 것이다. "자, 여기 진리가 있습니다. 이것을 지키고, 그대로 살고, 선포하십시오."

레슬리 주교의 장례식에서 그의 아들이 아버지의 오랜 습관 하나를 소개했다. 레슬리 주교는 잠 못 이루는 밤이면 짤막한 시를 짓곤 했다고 한다! 그중 대표적인 것으로 이런 시가 있다.

옛날 토리노에 어떤 사람이 있어
죄에 대해서는 몇 시간씩 설교하면서
은혜에 대해서는 말할 여지를 남기지 않아
끝내 내 마음을 사로잡지 못했다.

레슬리 주교는 그 반대였다. 그의 입에서는 하나님의 은혜와 사랑에 대한 말이 끊이지 않았다.

사우스워크 교회에서 열린 그의 장례식에서 우리는 다음과 같이 기도했다. 그의 삶에 대한 감사의 마음을 넘어, 그를 뒤이어 계속 힘 있게 예수님을 선포하려는 열망이 잘 표현되어 있다.

위로부터 오는 빛들의 아버지이시며,
변함 없고 회전하는 그림자도 없으신 전능하신 하나님,
우리는 레슬리 뉴비긴의 생애를 인해 감사드리며
아버지께서 주신 이 좋은 선물을 인해 즐거워합니다.
그의 넓은 비전,
깊은 사고,

견고한 우정,
진심 어린 웃음,
충실히 예수님을 따른 삶을 인해
아버지께 감사드립니다.
이제 우리는 그가 안전하게 아버지와 함께 있으며,
마침내 아버지의 영광의 처소에 거하고 있음을 압니다.
그의 본을 통해 우리를 감화하셔서,
아직 못다 이룬 일을 새롭게 이어받게 하소서.
예수님의 이름으로 기도합니다.
아멘.

레슬리 주교의 장례식에 얼마나 꼭 맞는 기도인가. 많은 사람들이 이 책을 통해 감화를 입어 바로 그렇게 살게 되기를 바란다. 그가 그보다 더 좋아할 수는 없을 것이다!

성삼위일체 브롬튼 교회 목사
샌디 밀러Sandy Millar

1. 독특한 이야기

A unique account

적어도 천 년 동안, 유럽인들이 알던 책은 사실상 성경이 유일했다. 물론 인쇄술이 발명되기 전에는 성경책이 그들의 손에 직접 들어간 것은 아니다. 그들은 성경을 교회의 가르침—낭독과 설교와 의식儀式과 성례—을 통해, 교회력의 절기를 통해, 미술과 음악과 건축을 통해 알았다.

성경의 이야기야말로 사람들이 삶의 의미를 발견하던 유일한 이야기였다. 15세기 중엽 유럽에 인쇄술이 발명된 후로도 수세기 동안 대부분의 가정에 책이라고는 오직 성경밖에 없었다. 오늘날에도 대부분의 가정에 성경책이 있다. 하지만 사람들은 성경도 다른 책들처럼 통째로 읽고 있는가? 시작부터 결말까지 하나의 이야기로 읽고 있는가? 내가 보기에는 그렇지 않다. 우리 대부분은 성경을 이따금씩 유익한 생각이나 위로, 지침이나 방향을 얻을 수 있는 문집 정도로 대한다. 교회에서 성경을 봉독할 때도 아주 짤막한 본문만 보는 경향이 있다. 그리하여 성경이 입맛대로 골라 읽는 지혜 선집이라는 인상을 부추긴다. 이는 읽을 만한 부분을 성경 자체가 결정하는 게 아니라 우리가 미리 정해 두는 것이다. 성경이 우리의 권위가 아닌 것이다.

아주 박학한 힌두교인인 내 친구 하나가 오래전에 나에게 했던 말이 아직도 잊히지 않는다.

> "나는 당신네 선교사들이 왜 우리 인도 사람들에게 성경을 종교 서적으로 제시하는지 잘 모르겠습니다. 성경은 종교 서적이 아닙니다. 종교 서적이라면 이미 인도에 얼마든지 많이 있어 더는 필요가 없습니다! 내가 보기에 당신네 성경은 우주의 역사, 곧 창조세계 전체의 역사와 인류의 역사를 독특하게 해석한 책입니다. 그래서 역사 속에서 막중한 배역을 맡은 인간에 대한 해석도 독특하지요. 아주 특이합니다. 세상의 종교 문헌을 다 통틀어도 성경에 견줄 만한 것은 없습니다."

정말 맞는 말이다. 성경이 종교 서적이 아니라는 그의 말은 이런 뜻이다. 성경은 우리에게 일상생활의 현실을 외면하거나 역사 속에서 자신이 맡은 배역의 책임을 등지라고 부추기는 책이 아니다. 일간 신문의 세상을 벗어나 이른바 영적 세상을 지향하도록 조장하는 책도 아니다. 오히려 성경은 창조부터 종말까지의 역사 전체와 그 속에 들어 있는 인류의 이야기를 해석한 책이다. 지금부터 내가 하려는 이야기도 바로 그것이다.

시작하기 전에 먼저 이 이야기에 대해 세 가지 말해 둘 것이 있다. 첫째, 모든 좋은 이야기에 주인공이 있듯이 성경도 마찬가지다. 성경의 주인공은 하나님이다. 성경은 현실 전체와 역사 전체를 하나님의 활동과 역사役事와 말씀과 약속의 관점에서 해석한다. 그래서 우리는 성경의 이야기를 통해 하나님을 알게 된다. 어떤 사람의 이야기를 모르고는 상대를 알 수 없는 법이다.

둘째, 성경에 나오는 인류 전체의 이야기는 이스라엘이라는 한 민족의 특수한 이야기와 그 민족 출신인 나사렛 예수라는 한 사람을 중심으로 이루어진다. 중국이나 멕시코에 대한 직접적인 이야기는 성경에 없다. 곧 보겠지만, 모든 나라의 이야기는 성경 이야기의 중심이 아니라 배경이다.

이 이야기는 하나님이 택하신 한 백성의 관점에서 전개된다. 하나님은 우리에게 자신을 알리시되 각기 고립된 영

혼에게 알리기를 원하지 않으신다. 그래서 자신의 목적을 한 백성에게 맡기셨다. 그분은 마치 전화 통화를 하듯 우리와 일대일로 소통하시는 것이 아니라 인간의 공동생활이라는 정황 속에서 자신을 알리신다. 인생이 그런 것이기 때문이다. 그러므로 우리는 타인을 통해, 특히 하나님이 택하여 그분의 목적을 맡기신 백성을 통해 그분을 알게 된다.

셋째, 이 선택된 민족을 통해 역사 속에서 하나님이 계시되려면 반드시 그들이 고난과 고통과 싸움을 통과해야 한다. 그것이 성경의 이야기다.

태초에……

그렇다면 이제부터 성경을 보기로 하자. 우선 성경이 시작되는 그 웅장한 말부터 보아야 한다.

> 태초에 하나님이 천지를 창조하시니라.

창세기 1장은 이스라엘이 바빌로니아에 포로로 잡혀가 있던 중에 기록되었다고 여겨진다. 우리가 머릿속에 떠올려야 할 창세기 저자는 온갖 궁전과 요새와 신전을 갖춘 막강한 제국에서 억눌린 채 살아가던 노예들이다. 현대 학자들의 연구를 통해 알려져 있듯이 바빌로니아에도 그곳 나름의 창조 기사가 있었다. 그것은 싸움과 전쟁과 유혈의 이야기였다. 바빌로니아 사람들이 알고 있던 창조 이야기에는 시종 폭력이라는 주제가 배경을 이룬다.

창세기 저자들은 하나님을 보는 관점이 아주 달랐다. 그들은 아브라함과 이삭과 야곱과 모세의 후손이었다. 그들이 알던 하나님은 구속자 하나님, 자기 백성을 노예 생활에서 구원하신 하나님이다. 그들은 하나님의 창조세계를 보는 관점도 완전히 달랐다. 창조세계는 폭력의 산물이 아니라 사랑과 지혜를 가진 하나님의 작품이었다. 그분은 순전한 사랑으로 세상을 창조하여 자신의 영광을 드러내게 하셨고, 인류 가족이 세상을 누리며 그분께 사랑을 돌려 드리게 하셨다.

이렇듯 창세기에서 우리는 빛이 창조되어 어둠과 구별되고, 마른 땅이 창조되어 혼돈의 바다와 구별되는 광경을 본다. 생물이 성장하고 번성할 수 있는 터전이 창조되고, 그 속에 동물과 인간이 창조된다. 인간에게는 하나님의 형상으로 존재한다는 특별한 책임이 부여된다. 아울러 인류에게 하나님은 창조세계를 잘 돌보고 그분의 의도대로 완성시키는 구체적인 책임도 맡기셨다. 창조세계가 온 인류와 더불어 참으로 하나님의 영광을 드러낼 수 있도록 말이다.

마지막으로, 창조 이야기의 절정에서 우리는 하나님이 안식일에 쉬시며 자신의 작품을 즐거워하시는 놀라운 광경을 본다. 그분은 창조세계를 보며 기뻐하시고, 우리 인간에게도 동일한 안식을 선물로 주신다. 그래서 우리의 삶은 끊임없는 몸부림이 아니다. 그저 쉬며 하나님을 즐거워하라는 초대가 삶의 중심을 이룬다. 세상은 즐거움을 위해 지어졌다. 스코틀랜드 신앙고백에 그것이 아주 잘 표현되어 있다.

> 우리가 창조된 목적은 하나님을 영화롭게 하고 그분을 영원히 즐거워하는 것이다.

하지만 알다시피 지금 우리는 그렇지 못하다. 무엇이 잘못된 것인가? 여기서 성경의 독특한 통찰이 나온다. 우리는 이 주제로 말하기를 좋아하지 않고, 뉴에이지 영성은 이것을 외면하려 하지만, 이것은 바로 신학자들이 '타락'이라 부르는 것이다. 무슨 일이 있었던 것일까? 태초에 우리에게 자유가 주어졌다. 하나님의 선하심을 아는 지식도 주어졌다. 하나님은 우리가 악을 모르고 선만을 알기 원하셨다. 그런데 교활한 뱀이 기어 와서 의심을 불어넣었다. "사실의 이면을 우리 스스로 알아내야 하지 않을까? 분명히 이면이 있는데 그게 왜 우리한테 숨겨져 있어야 하지? 우리는 자유가 있고 책임이 있다. 사실을 전부 알아내는 게 우리의 직무가 아닐까? 무엇이 선하고 무엇이 악한지 우리 스스로 알아보자. 무작정 하나님만 믿고 있을 수는 없다!"

그때 인간이 치명적인 걸음을 내딛은 탓에 하나님과의 신뢰가 깨졌다. 우리는 길을 잃었다. 우리는 벌거벗었고 연약하며 다치기 쉬운 존재다. 우리는 하나님을 피해 숨고 서로 경쟁한다. 하나님이 주신 이웃이 우리의 적으로 변하고, 동산으로 주신 세상이 우리가 맞서 싸워야 할 광야로 변한다.

그리하여 이 애절한 부르짖음이 동산에 울려 퍼진다.

"아담아, 네가 어디 있느냐."

이것은 북적대는 시장에서 어디론가 사라진 아이를 찾는 엄마의 부르짖음이다. 분노와 사랑이 섞인 괴로운 외침이다. 바로 이 부르짖음이 성경 전체에 메아리친다. 인자하시고 거룩하신 하나님은 지금도 자녀들을 찾고 계신다. 어리석고 미련한 불신의 자녀들을 찾고 계신다. 그들은 어디론가 달아나 버렸다. 하나님이 일러 주시는 것보다 자기들 스스로 더 잘 알아낼 수 있다고 생각한 것이다.

그래서 미련한 백성을 찾으시는 하나님의 고뇌가 성경을 관통하고 있다. 결정적으로 그 고뇌는 십자가의 처참한 부르짖음으로 터져 나온다. 하나님의 아들이 반역자 아담을 대신하고, 하나님을 피해 달아난 우리를 대신하여 십자가를 지신다. 거기서 그분은 괴로워하며 이렇게 부르짖으신다.

"나의 하나님, 나의 하나님, 어찌하여 나를 버리셨나이까."

하나님은 그분의 자녀로 되찾으실 때까지 우리를 그냥 두지 않으신다.

2. 하나님의 선택

Chosen by God

앞서 보았듯이 아담과 하와는 하나님을 믿을 수 없다고 여겨, 무엇이 선하고 무엇이 악한지 스스로 알아내기로 했다. 이 불신의 행위로 말미암아 하나님과의 관계, 서로와의 관계, 자연과의 관계 등 이전의 순전한 관계는 막을 내렸다.

이제 우리는 스스로 선악을 분간해야 하는데, 알다시피 우리에게는 그럴 능력이 없다. 그래서 우리는 불안해지고, 그 불안 때문에 공격적으로 변한다. 이웃이 적으로 변하고, 자연도 더 이상 삶의 터전이 아니라 길들여야 할 적대적 환경이 된다. 결국 우리는 폭력으로 내리닫는다. 창세기의 이어지는 본문에 그런 이야기가 아주 적나라하게 나와 있다. 최초의 형제인 가인과 아벨은 각각 살인자와 피해자가 된다. 살인과 시기와 분쟁이 세상의 풍조가 되며, 인간 세상은 송두리째 타락하여 혼돈과 폭력의 악순환에 빠진다.

노아를 택하심

마침내 하나님은 땅 위에 사람을 지으신 것을 후회하시게 된다. 그래서 그분은 악한 인류를 지구상에서 깨끗이 쓸어 버리고 한 가정만 남겨 새로 시작하기로 하신다. 바로 노아의 가정이다. 이 가정이 방주에서 나와 다시 메마른 땅에 발을 내디뎠을 때 하나님은 노아—노아뿐 아니라 모든 창조세계—와 더불어 은혜의 언약을 맺으신다. 그것은 다시는 땅을 멸하지 않으신다는 약속이다. 그분은 노아의 후손이 땅에 충만해져 세상이 행복한 사람들로 가득해질 것을 약속하셨고, 약속의 징표로 무지개를 주셨다.

다음 장(창세기 10장)에서부터 그 약속이 성취되기 시작한다. 인간 세상은 히브리 민족에서부터 70개 나라로 갈라졌는데, 이들은 다 노아의 후손으로 기술된다. 바로 이들이 성경의 나머지 부분에서 이방인이라고 불리는 사람들이며, 전체 이야기의 배경을 이룬다. 이들은 하나님이 노아에게 주신 약속의 결과로 등장하며, 성경 전체에서 하나님의 복을 받을 궁극적 수혜자들이다. 하지만 이번에도 서글픈 이야기가 똑같이 되풀이된다. 지상에 흩어진 나라들은 세상을 인간의 위치에서 보는 것에 더 이상 만족하지 못하고 이번에도 하나님의 자리를 탐했다.

"우리가 탑을 건설하여 그 꼭대기를 하늘에 닿게 하자. 그리하여 밑에서만 아니라 위에서 전체 광경을 제대로 보자."

그래서 바벨(고대 바빌론)탑이 생겨난다. 이는 인간의 제도를 바탕으로 백성을 통합하려 한 이후의 모든 대제국의 권력을 상징한다.

아브라함을 택하심

하지만 이번에도 결말은 재앙이었다. 인류는 서로 말이 통하지 않게 되어 온 세상에 흩어졌다. 인내의 하나님은 이번에도 새로 시작하신다. 그분은 이방 종교의 나라들 속에서 한 사람을 택하신다. 그는 양떼와 소떼와 하인이 많은 부자였고, 고대 세계에서 권력과 문명의 큰 중심지 중 하나인 갈대아 우르에 살고 있었다. 하나님은 이 사람을 불러 고향과 재산과 안전을 버리고 떠나라 하신다. 하나님의 약속만 믿고 미지의 땅으로 가라 하신다.

여기서 새로운 종류의 삶이 시작된다. 여태껏 쌓아 둔

자신의 안전장치를 의지하지 않고 미래에 대한 하나님의 약속을 온전히 의지하는 삶이다. 믿음으로 사는 새로운 종류의 삶이다. 그래서 아브라함은 가나안으로 이주하여 아들 이삭과 손자 야곱과 함께 이국땅에서 나그네로 살아간다. 그곳은 그들에게 약속된 땅이었지만, 당장 그들의 소유라고는 죽은 사람을 묻을 무덤뿐이었다.

믿음의 삶으로 부름받은 그들은, 그러나 거기서 다시 혹독한 시련에 부딪힌다. 기근 때문에 이집트로 내려가 처음에는 난민이 되었다가 나중에는 노예가 되어, 세계 최강의 군사 정권에 짓밟히고 학대를 당한다. 결국 그들의 수가 아주 많아지자 압제 세력은 인구를 통제하기에 이른다. 이스라엘 백성 중 남자아이를 다 죽이려 한 것이다. 그런데 그 중의 한 아이가 목숨을 건진다. 모세는 바로의 딸에게 구출되어 궁중에서 길러진다.

모세를 택하심

당시에 이집트는 세계 최고의 문명 강국이었다. 젊은 모세는 그 나라의 재물과 학식과 문화, 그리고 과학과 기술을 물려받을 상속자가 된다. 하지만 동시에 그는 노예들이 자신의 동족임을 알고 있다. 어느 날 모세는 이집트 사람이 이스라엘 동포를 때리는 것을 보자 이성을 잃고 홧김에 이집트 사람을 죽인다. 나중에 죄가 발각되자 그는 도망가 난민이 된다. 시내 반도에서 가나안 부족에 섞여 이중의 난민으로 살아간다.

거기서 그는 고용주의 딸과 결혼하여 목자의 삶에 정착한다. 하지만 하나님은 약속을 잊지 않으셨다. 하루는 모세가 찌는 듯이 더운 광야에서 양을 치고 있는데, 떨기나무에 불이 붙었지만 나무가 타지 않는 광경이 보인다. 어찌된 일인지 보려고 가까이 가니 그를 부르는 소리가 들린다.

"모세야, 모세야."

"예?"

"내가 너를 보내니 내 백성을 이집트에서 구하여라."

"누구, 저 말입니까? 설마요! 반역하고 도피 중인 제가요? 제가 누구라고 당신의 백성을 구하겠습니까?"

"내가 너와 함께 있겠다."

"당신이 누구신데요? 제가 이스라엘 백성에게 가서 '누가 나를 보내 너희를 구하라고 했는데 누군지는 모른다'라고 하면 그들이 '그의 이름이 무엇이냐?'고 묻지 않겠습니까? 당신의 이름이 무엇입니까?"

"나는 스스로 있는 자다. 그것이 내 이름이다. 나는 '야훼', '여호와', '주님'이다. 너희 조상은 나를 모든 셈 족이 아는 신의 이름인 '알라', '엘'로 알았지만, 나만의 이름은 알지 못했다. 이것이 내 이름이다. 내가 너와 함께할 것이다."

백성을 택하심

그래서 모세는 가서 이집트의 권력과 일대 결전을 벌인다. 출애굽기에 그 이야기가 나와 있다. 결국 모세는 자기 민족을 이집트에서 이끌어 내 홍해를 건너 시내 광야로 들어간다. 그들은 어중이떠중이 노예들이다. 어찌나 오합지졸인지 조금만 힘들어도 매번 마음이 녹아내린다. 물이 없다고 모세를 죽이려 하고, 음식이 없다고 그나마 먹을 거라도 있던 이집트로 돌아가려 한다. 그래도 모세는 그들을 끝없이 참는다. 미련한 그들과 씨름하며 결국 그들을 하나님이 명하신 산으로 데려간다. 그들을 만나기로 미리 약속하셨던 그곳에서 하나님은 그들과 언약을 맺으신다. 그들을 왕 같은 제사장과 거룩한 나라로 삼으신다.

우선 주목할 것은 이것이 계약이 아니라 언약이라는 사실이다. 계약은 쌍방이 흥정하여 합의하는 것이지만, 언약은 주 여호와의 일방적 행동이다. 그분은 어중이떠중이 노예들을 자기 백성으로 삼으시고 그들에게 전적으로 헌신하셨다. 그들이 그분께 충실하지 않을 때도 그분은 그들에게 충실하셨다. 이제 그들은 만국의 제사장이 되어야 하며, 그들을 통해 하나님의 의로움이 알려질 것이다. 그래서 하나님은 그들에게 십계명이라는 유명한 열 가지 말씀을 주신다.

십계명에 대해 두 가지를 인식하는 것이 매우 중요하다. 사람들은 흔히 십계명이 부정적이라고 비판한다. 하지만 서두의 대명제는 부정적이지 않고 긍정적이다.

> "나는 너희를 이집트 땅에서 인도해 낸 너희 하나님 여호와다. 내가 너희를 구했으니 너희는 다른 신들을 따르지 말라."

우리는 온갖 잡다한 신들을 따르고 싶은 유혹을 느낀다. 그 신들은 형통, 쾌락, 행복 등 온갖 좋은 것들을 약속한다.

> "하지만 그들은 너희를 정말 사랑하지 않는다. 내가 너희를 사랑하여 이집트 땅에서 구하고 인도해 낸 하나님이다. 그러니 너희는 다른 신들을 따르지 말라."

이것은 더할 나위 없이 긍정적인 명령이다. 그 다음에 간음하지 말라, 살인하지 말라, 도둑질하지 말라, 탐내지 말라 등 몇 가지 부정적인 명령이 나온다. 하지만 보다시피 부정적 명령의 핵심 취지는 우리에게 자유를 주는 것이다. 긍정적 명령은 각 상황마다 해야 할 바를 정확히 지시하므로 자유의 여지가 없지만, 부정적 명령은 일정한 한계 내에서 우리에게 자유를 준다. 이는 마치 학교 놀이터에 둘러쳐진 울타리와 같다. 아이들은 울타리 안에서는 마음껏 아무 놀이나 지어내고 자유로이 무엇이든 할 수 있지만, 울타리 바깥에는 위험이 있음을 안다. 그래서 이스라엘은 대대로 이런 울타리를 주신 하나님께 끊임없이 감사했다. 세상의 다른 나라들은 이런 보호 장치가 없었으므로 늘 나쁜 길로 빗나가기 쉬웠다. 온갖 미련함과 거짓말과 간음과 살인과 타락에 빠지기 쉬웠다. 그에 비해 이스라엘 백성에게는 보호 장치가 주어졌고, 그들의 역사 속에는 이런 놀라운 선물을 주신 하나님을 향한 감사가 면면히 흐른다.

이렇게 하나님은 이스라엘을 불러 만국의 거룩한 제사장으로 삼으신다. 장차 이 나라를 통해 온 세상이 살아 계신 하나님을 알게 될 것이다. 하지만 진행되는 이야기에서 볼 수 있듯 만국의 제사장이 되는 데는 엄청난 대가가 따른다.

3. 사사, 왕, 예언자

Judges, kings and prophets

모세가 시내 산에 올라가 있는 사이, 이스라엘은 산 밑에서 벌써 언약을 망각한 채 이방 종교와 우상숭배에 빠진다. 광야 여정 내내 모세는 불순종하고 불신하는 이스라엘과 씨름해야 한다. 그들은 많은 것을 배워야 한다. 매일의 만나로 음식을 삼고, 반석에서 나는 기적의 샘물을 마시며, 낮에는 구름기둥으로 밤에는 불기둥으로 인도함을 받아야 한다. 후손들은 이 시기를 돌아보며, 이스라엘이 다른 어떤 안전장치도 구하지 않고 믿음으로 사는 법을 배운 시기로 기억하게 된다.

하지만 마침내 약속의 땅 앞에 이른 이스라엘은 또다시 믿음에 실패한다. 그들이 보낸 정탐꾼 중 두 명만 제외하고는 그 땅의 주민들이 너무 강하다고 보고한다. 그러자 이스라엘 백성은 낙심하여 다시 이집트로 돌아가려 한다. 이번에도 하나님의 인내심이 다한 듯 보였지만, 제사장 민족의 선한 제사장인 모세가 백성을 위해 하나님께 간구한다. 덕분에 하나님의 마음이 다소 누그러져 자녀 세대만이라도 약속의 땅에 들어가게 해주신다.

그리하여 그들은 한 세대 늦게 여호수아의 지도 아래 요단강을 건너 그 땅을 차지한다. 그들은 원주민들을 쫓아내거나 대량으로 죽인다. 이 부분을 읽으면서 예수의 가르침과 비교해 보면 우리는 기겁하게 된다. 지금으로 말하자면 인종 청소에 해당하기 때문이다. 하지만 여기서 기억해야 할 것이 있다. 이것은 한 백성이 기나긴 훈련을 통해 하나님의 본성과 목적을 깨우쳐 나가는 이야기이며, 지금은 그 훈련의 초기 단계다. 이 모두를 우리는 예수의 후기 가르침에 비추어 이해해야 한다.

요지는 이것이다. 한 백성이 땅을 소유하는 '실험'이 필요했던 것이다. 거기는 정치적, 경제적, 사회적으로 안정된 질서 속에 하나님의 뜻이 펼쳐질 수 있는 곳이었다. 그런 질서가 모세오경(창세기부터 신명기까지)에 명시되어 있다. 지금의 우리도 하나님의 법이 지배하는 사회가 어떤 곳인지 율법서를 통해 배울 수 있다. 비록 이스라엘의 경우는 실패로 돌아갔지만, 그래도 그것은 하나님이 자기 백성을 만국의 제사장으로 훈련하시는 이야기에서 본질적인 부분에 해당한다.

여호수아 시대에는 백성이 그 땅에 완전히 정착하지만 사사기에 가면 상황이 아주 달라진다. 잘 안정되기는커녕 사회가 혼탁해진다. 백성이 우상숭배에 빠져 이웃 나라에 지배당하다가 도움을 간구하고, 그리하여 카리스마적 지도자를 통해 구조되는 일이 계속 반복된다. 신체 상해와 살인과 집단 강간과 온갖 참극이 벌어진다. 다음 말씀이 후렴구처럼 되풀이된다.

> 그때에 이스라엘에 왕이 없으므로 사람이 각기 자기의 소견에 옳은 대로 행하였더라.

그야말로 무정부 상태다. 결국 백성의 입에서 "우리도 다른 나라들처럼 왕을 원한다"는 말이 나오기에 이른다.

예언: 나라의 양심

사무엘에서 세례 요한에까지 이르는 예언자들의 이야기가 여기서부터 시작된다. 이들은 이후의 수세기 동안 이스라엘 백성을 경고하고 가르치고 지도할 길잡이들이다. 지금 이스라엘은 혼돈에 빠져 이웃 국가들에 휘둘리고 있다. 제사장직은 신임을 잃었고 안정된 통치도 없다. 이런 상황에서 백성이 사무엘을 찾아와 "우리에게 왕을 세워 주소서"라고 말한다. 하나님은 왕이 생기면 벌어질 일을 사무엘을 통해 백성에게 경고하신다. 왕은 백성의 땅을 빼앗아 자신의 정원으로 삼고, 여자들을 데려다 첩으로 삼고, 남자들을 데려다 군인과 강제 노역자와 노예로 삼고, 백성의 돈을 세금으로 거두어 갈 것이다. 왕은 그런 존재가 될 것이다. 그럼에도 백성은 "우리는 왕을 원합니다. 우리도 다른 나라들처럼 되고 싶습니다"라고 말한다. 혼란스러운 상태에 질려 버린 것이다. 하나님은 사무엘에게 "그들에게 왕을 세워 주어라"고 말씀하신다. 그래서 사무엘은 사울이라는 청년에게 기름을 부어 왕으로 삼는다.

앞으로 성경 전체에 나타날 한 가지 주제가 여기에 처음으로 등장한다. 바로 정치 질서의 양면성이다. 우리가 모두 하나님의 법에 순종한다면 왕은 필요 없어진다. 우리는 마음으로부터 옳은 길을 갈 것이다. 하지만 왕과 법정과 경찰과 감옥이 필요하다면 그것은 우리가 하나님을 버렸기 때문이다. 그러므로 하나님은 우리에게 정치 질서를 주시면서도 또한 그것 자체가 깊은 타락의 원천임을 경고하신다. 안타깝게도 이 경고는 신속히 현실이 된다. 전도유망하게 시작된 사울의 왕권은 비극으로 끝난다. 사울은 휘하의 가장 유능한 군사 지도자를 시기하여 거의 제정신을 잃다시피 하고, 결국 길보아 산에서 자살로 비참하게 생을 마감한다. 이스라엘 군도 그때 함께 패망한다.

그 뒤로 혼란기를 거쳐 마침내 다윗이 열두 지파와 온 나라의 지도자로 부상한다. 후대 사람들은 다윗 재위 기간을 참된 왕권을 통해 정의가 시행되고 가난한 자들이 보호받은 이상적 시대로 회상하게 된다. 하지만 성경은 다윗 개인의 죄는 물론 그의 어지러운 가정생활까지 적나라하게 기록한다. 그런 죄 때문에 나중에 내전이 벌어지고 그의 왕국은 서글픈 종말을 맞는다.

다윗을 뒤이은 솔로몬에 이르러 사무엘의 예언은 한 치의 오차도 없이 성취된다. 솔로몬은 전형적인 동양 군주가 되어 권력과 재물과 여자와 금을 모아들이고, 거대한 건축 사업을 벌이고, 권력을 중앙의 예루살렘으로 집중시킨다. 머잖아 솔로몬이 혼미함에 빠지면서 나라도 함께 기운다. 가장 유능한 노동 감독관인 여로보암이, 이스라엘 열두 지파 중 열 지파를 빼앗아 세겜을 수도로 하여 따로 나라를 세운다. 그는 예루살렘 성전을 대신할 예배 처소까지 만든다.

그 뒤로 수세기 동안은 비참한 이야기의 연속이다. 두 나라—북왕국 이스라엘과 남왕국 유다—사이에 그리고 그들과 이웃 나라들—블레셋, 모압, 에돔, 시리아(아람)—사이에 전쟁이 끊이지 않는다. 그러다 점차 아시리아 제국의 권력이 동방을 지배하게 된다. 다른 모든 나라를 삼킨 아시리아는 마침내 이스라엘에 쳐들어와 수도를 포위하여 함락시킨다. 그리고 이스라엘 왕을 끌어가고, 사마리아를 폐허로 만들고, 그곳 주민을 이주시켜 아시리아 땅의 노예로 삼는다. 대신 이스라엘 땅에는 동방의 이교도들이 이주하여 식민지로 지배한다. 이로써 북왕국 이스라엘의 역사는 막을 내린다.

한편 예루살렘에 수도를 둔 남왕국 유다는 좀 더 버텼다. 유다에는 선한 왕도 있었고 악한 왕도 있었다. 선한 왕 히스기야가 힘써 백성을 되돌려 율법에 순종하게 했지만, 극악한 왕 므낫세는 히스기야가 이루어 놓은 모든 일을 악착같이 허물었다. 선한 왕 요시야가 유다를 다시 돌이켜 하나님께 충성하게 하려 했지만 안타깝게도 너무 늦었다. 요시야 시대에 신명기의 율법이 다시 공포되었지만 유다 역시 망할 운명이었다. 이때는 이미 아시리아 제국이 동방의 초강국인 바빌로니아에 망한 뒤였다. 얼마 후에 바빌로니아가 유다에 쳐들어왔다. 처음에는 예루살렘을 포위하여 점령하고, 지도자들을 제거하고, 꼭두각시 왕을 세웠다. 그러다 12년 후에 결국 수도를 함락시키고 성전을 파괴했다. 빈민들만 남고 모두 바빌로니아에 포로로 끌려가 노예와 난민이 되었다.

이로써 이야기는 끝나는 듯 보인다. 마치 아브라함과 모세에게 주신 하나님의 약속이 물거품이라도 된 것처럼 말이다. 하지만 아직 끝이 아니다. 그것은 엘리야, 엘리사, 아모스, 호세아 등 북왕국과 남왕국의 위대한 예언자들의 사역을 통해 이미 밝혀진 바와 같다. 하나님은 모든 세대마다 예언자들을 세우셨다. 그들은 이스라엘과 유다에 어리석은 행동의 결과를 경고했고, 하나님의 자비롭고 공의로운 언약을 상기시켰으며, 아브라함과 이삭과 야곱의 하나님이 열방의 신들과 같지 않음을 밝혔다. 그런 신들은 자국의 이익만을 위해 존재하며, 제사와 제물만 제대로 바치면 만족하는 우상들이다.

> 살아 계신 하나님은 공의와 자비의 하나님이시며, 자기 백성 속에 그 공의와 자비가 살아 있지 않으면 결코 만족하지 않으신다.

모든 세대마다 메시지가 임했다는 것은 그만큼 예언자들이 시대와 여론과 모든 정치권력을 거슬러 발언해야 했다는 뜻이다. 그들은 또한 그 결과도 감수해야 했다. 이런 예언자적 전통에 충실했던 사람들은 하나님의 백성에게 임한 재앙을 하나님의 패배가 아니라 하나님의 의로운 심판의 표출로 해석할 줄 알았다. 그들은 하나님의 선택받은 민족이 된다는 것이 곧 세상의 죄를 진다는 뜻임을 배웠다. 아울러 그들은 전체 이야기의 최종 완성을 가리켜 보일 줄도 알았다. 그것은 바로 하나님의 아들이 장차 세상의 죄를 위해 친히 고난당하실 일이었다.

4. 귀환과 쇄신

Return and renewal

이제 우리는 막다른 골목에 도달한 듯 보인다. 이스라엘도 유다도 모두 망했다. 수도는 폐허가 되었고, 백성은 포로로 끌려갔으며, 성전은 잿더미가 되었다. 다 끝난 것처럼 보인다.

아브라함과 이삭과 야곱에게 주신 위대한 약속과 모세에게 주신 언약은 어찌되었는가? 이스라엘이 세상 만국을 위하여 왕 같은 제사장과 거룩한 나라가 될 것이라던 약속은 어찌되었는가? 시편 말씀처럼 "너희 하나님이 이제 어디 있느냐"라는 이방인들의 조롱 소리가 들려오지 않는가? 하지만 역시 시편에 보면, 그 깊은 수치와 고난 속에서도 이런 승리의 함성이 들려온다. "우리 하나님은 모든 나라를 다스리신다. 영원히 다스리실 것이다." 이 또한 놀라운 일이 아닌가?

누구라도 당연히 이 이야기가 잊혀져 역사의 잔해 속에 묻혔다고 생각할 만도 하다. 행여 현대의 고고학자들에게 발굴되지 않는다면 말이다. 그런데 어떻게 여기가 끝이 아니란 말인가? 답은 앞서 언급한 예언자들의 사역 속에 들어 있다. 그중에서도 특히 같은 시대를 살아간 두 예언자가 있다. 한 사람은 예루살렘에서 활동했고, 또 다른 사람은 바빌로니아로 끌려간 노예들 속에서 활동했다.

예레미야와 에스겔

우선 예루살렘의 예레미야는 누구보다도 그 삶이 예수의 사역을 닮았다 할 수 있다. 예레미야는 자신이 아이라서 말을 할 줄 모른다고 했지만 하나님의 능력으로 견고한 요새가 되었다. 그리하여 당대 역사의 모든 폭풍과 사나운 급류 속에서 진리를 위해 싸웠다. 그가 절대적으로 확신했듯이 하나님은 자기 백성에게 심판을 선고하셨다. 요시야의 개혁은 너무 늦었고, 백성은 구제 불능으로 타락했다. 그런데도 그들이 상상하는 하나님은 여전히 열방의 거짓 신들과 같다. 그런 신들은 제사와 예배만 제대로 바치면 자국을 보호하고 이익을 챙겨 준다는 우상들에 지나지 않는다.

그래서 예레미야는 무리가 예배하러 모여드는 성전 문에 서서 그들에게 이렇게 말한다.

> 다 소용없다. 모두 헛된 일이다. "이것이 여호와의 성전이라, 여호와의 성전이라, 여호와의 성전이라"(예레미야 7:4)는 말도 부질없다. 너희가 이 성전에서 예배한다고 하나님이 너희를 보호하실 줄로 생각한다면 그것은 착각이다. 보호하시는 게 아니라 오히려 너희의 모든 죄 때문에 너희를 벌하실 것이다.

그들이 그를 감옥에 가둔 것도 놀랄 일은 아니다. 결국 바빌로니아 군대가 수도를 점령하고, 왕과 모든 지도자를 끌어가고, 그 자리에 꼭두각시 왕을 세웠다. 예레미야는 여전히 감옥에 있었다. 그는 이것이 이 도시를 향한 하나님의 심판임을 계속 선포했다. 그는 하나님이 결국 약속을 지켜 그 사랑하시는 땅을 다시 통치하실 것을 굳게 믿었다. 그의 믿음은 조금도 흔들리지 않았다.

한편 또 다른 위대한 예언자인 에스겔은 같은 시대에 바빌로니아의 동료 포로들에게 무엇에도 비할 수 없는 하나님의 초월적 영광을 보여주었다. 그는 백성에게 하나님이 여전히 모든 역사의 주인이심을 선포했고, 언젠가 하나님의 전능하신 영이 그들에게 새로 임하여 골짜기의 마른 뼈들조차도 막강한 군대로 변할 것을 약속했으며, 어느 날 하나님의 영광이 다시 예루살렘 성전에는 물론 온 세상에 충만해질 것을 확언했다.

이스라엘이 패망하여 포로로 잡혀간 사건은 하나님의 감화를 입은 이 위대한 예언자들의 사역을 통해 해석되어야 했다. 그것은 하나님의 패배가 아니라 오히려 하나님이 언약에 충실하시다는 표시였다. 바로 그들의 감화 아래서 이 포로기에 유대교 율법학자들과 교사들은 출애굽 시대와 사사 시대와 왕정 시대의 옛 기록물을 수집하고, 세상의 창조에 대한 놀라운 본문을 기록했다.

이 경험을 통해 이스라엘은 거룩한 나라가 된다는 의미를 새롭게 깨달았다. 우리가 이스라엘을 여호와의 고난당하는 종으로 보게 되는 것도 이 시기부터다. 이 종은 군사적 승리를 통해서가 아니라 세상의 죄를 짐으로써 여호와의 뜻을 이룬다. 장차 이 종은 범죄자 중 하나로 여겨지고 우리의 모든 죄를 담당할 것이다. 훗날 예수는 자신의 사역과 이스라엘의 소명을 이 본문에 비추어 해석하신다.

정치, 권력, 하나님의 백성

한편 국제 정세의 흥망성쇠는 계속되어 어느덧 페르시아가 바빌로니아를 무너뜨리고 권력을 장악했다. 새로 등극한 고레스 왕은 칙령을 내려 제사장들과 레위인들과 기타 지도자들에게 예루살렘에 돌아가 성전을 재건하게 한다. 이처럼 하나님은 늘 신실하셨다. 그분은 고레스를 도구로 삼아 자신의 은혜로운 목적을 이루시고, 언약 백성에게 주신 약속을 지키신다. 그들은 포로 생활과 패망이 자신들의 죄에 대한 하나님의 형벌임을 깨달았다. 하지만 이제 형벌을 충분히 받았다. 하나님은 그들에게 위로의 말씀을 주신다. 그들은 용서받고 즐거이 노래하며 시온으로 돌아갈 것이다.

비록 자치 국가는 아니지만 이렇게 해서 유대인 지도자들은 다시 가시적 공동체를 회복한다. 성전이 재건된다. 느헤미야를 통해 예루살렘 성벽이 재건되고 에스라의 지도 아래 언약이 갱신된다. 그런데 이즈음 운명의 수레바퀴가 다시 돌아, 페르시아 제국은 더 강대국인 그리스에 망한다. 알렉산드로스 대왕은 멀리 인도에 이르기까지 서남아시아 땅을 모조리 휩쓸어 신흥 제국을 세운다. 결국 각 지역의 토속 문화와 종교는 그리스어와 그리스 문명으로 대체된다.

그리스는 자기네의 독특한 문명과 예술과 철학과 종교를 자랑했다. 알렉산드로스가 승리한 결과 이스라엘의 성소가 더럽혀지고 그리스 문화가 들어왔다. 그리스인들은 운동선수들을 벌거벗겨 시합을 붙였고, 유대인들이 혐오하는 풍습을 일삼았다. 동성애 행위를 조장하는 것도 그중 하나였다. 이런 현상들이 결국 이 신흥 제국을 멸망으로 치닫게 한다.

마카베오 일가의 지도 아래 군사 반란이 일어났다. 이후의 전쟁에서 수천 명의 충실한 이스라엘 사람들은 하나님의 계명을 어겨 안식일에 싸우기보다 차라리 죽음을 택했다. 예루살렘이 포위당해 점령되자 지도자들은 산으로 도피했다. 전열을 가다듬고 국가의 새로운 기반을 찾기 위해서였다. 예수의 후기 말씀에 이런 도피 행위가 반영되어 나타난다.

이때부터 다니엘의 위대한 예언이 등장한다. 그는 잔인한 짐승 같은 제국인 아시리아, 바빌로니아, 페르시아, 그리스를 환상 중에 보았다. 제국마다 막강한 권세로 땅을 짓밟는다. 하지만 짐승 같지 않고 인자人子 같은 이가 "옛적부터 항상 계신 이"에게 나아가 통치의 권세를 받는다. 그분의 나라는 소멸되지 않는 영원한 나라다. 다만 항상 의문이 있었다. "이 인자가 언제 나타날 것인가?"

다행히 이스라엘에는 충실한 남은 자들이 늘 있었다. 이제 그들에게 기운을 주는 새로운 근원이 생겼다. 이스라엘의 율법학자들이 포로기에 이스라엘 역사의 기록물을 수집하여 율법서와 예언서를 엮어 낸 것이다. 그것은 새로운 신앙생활의 기반이 되었다. 물론 예루살렘 성전에서의 제사를 통한 예배가 여전히 계속되었지만, 활기찬 신앙생활의 새로운 중심지는 회당이 되었다. 거기서 사람들은 하나님을 예배했다. 시편을 노래하고, 율법서와 예언서를 낭독하고, 하나님 나라가 임하기를 위해 기도했다.

이스라엘은 다시금 가시적 공동체가 되었다. 하지만 지극히 작고 미약했다! 성전만 하더라도 웅장한 솔로몬 성전에 비하면 아주 보잘것없었다. 시편에서 우리는 충실한 남은 자들의 목소리를 들을 수 있다. 한편에서는 그들을 지배하던 이방인들의 조롱 소리가 들려온다.

"너희를 이집트에서 구해낸 너희 하나님이 어디 있느냐?"

하지만 한편에서는 승리의 함성이 들려온다.

"하나님은 모든 나라를 다스리신다."

아울러 깊은 수치와 어둠의 절규도 함께 들려온다.

"오 주여, 어느 때까지입니까? 어느 때까지입니까?"

이제 우리는 구약의 마지막 세 권의 책에 이른다. 학개와 스가랴와 말라기는 장차 여호와의 사자가 와서 그분의 통치를 세울 것을 약속한다. 이 세 권의 책이 예수의 후기 가르침에 가장 많이 인용된다. 하지만 그전에 정치의 판세가

한 번 더 바뀌어 그리스의 권력도 더 강대국인 로마에 밀려난다. 이스라엘은 로마 제국의 한 행정 구역이 된다. 성지는 로마의 군홧발에 짓밟히고, 이스라엘 백성은 하나님의 주권이 아닌 다른 주권을 인정하여 로마 황제에게 세금을 바쳐야 한다. 그리하여 절규는 계속 하늘에 메아리친다.
"어느 때까지입니까?"

바로 그 세상 속에 예수께서 태어나신다.

5. 하나님 나라와 예수

God's kingdom and Jesus

성경을 전체 이야기에 따라 읽는 우리의 여정은 이제 예수께서 태어나시는 시점에 이르렀다.

이스라엘 자손은 더 이상 자기 나라에 살지 않았다. 그들은 지중해 세계 전역은 물론 멀리 현재의 서남아시아에까지 흩어졌다. 그들의 왕도, 나라도 없다. 아시리아와 바벨로니아와 페르시아와 그리스는 다 사라졌지만 아직 막강한 로마의 권세가 세상을 지배하고 있다. 이스라엘은 하나님의 약속이 성취되어 그분이 모든 나라를 다스리실 그날을 학수고대하고 있다. 충실한 남은 자들이 그 땅에 있어 시편의 말씀으로 계속 부르짖고 있다.

"주여, 어느 때까지입니까?"

충실한 남은 자들은 회당을 중심으로 하나님을 예배한다. 율법서와 예언서를 읽고 시편을 노래하며, 하나님의 통치가 나타날 날만 고대하고 있다. 로마 정부가 세운 꼭두각시 왕 헤롯은 백성의 환심을 사려고 으리으리한 성전을 재건

했다. 그래서 성전의 예배는 계속되고 있다. 하지만 독실한 소망과 신앙의 주된 중심지는 지역의 회당들이다. 하나님 나라에 대한 이러한 소망은 네 가지 다른 방식으로 표현되었다.

1. **정치적 저항**

우선 어떤 사람들은 마카베오 일가가 일찍이 올바른 모범을 보였다고 생각했다. 이스라엘이 혁명을 일으켜 이방 세력을 무너뜨려야 한다는 것이다. 그래서 마카베오 가문처럼 어떤 지도자가 나타나 이스라엘을 결집시켜 주기를 바라는 간절한 기대가 늘 있었다. 실제로 이런 자유의 투사들이 끊임없이 뒤를 이었다. 하지만 그들의 저항은 모두 로마 권력에 의해 가차 없이 탄압되었다. 그래서 테러리스트가 길가의 십자가에 매달려 있는 광경은 이미 이스라엘 백성에게 (끔찍하게도) 아주 익숙했다.

2. **집권 세력에 협조**

반대쪽 극단에는 헤롯 성전을 관할하던 제사장들과 사두

개인들이 있었다. 그들은 집권 세력과 일종의 타협을 이루었다. 그들도 하나님 나라의 도래를 기다렸지만 일단은 집권 세력과 함께 일하며 율법의 규정대로 성전 예배를 지속하는 정도로 만족했다.

3. 율법 준수

한편 바리새인들은 회당을 중심으로 예배하고 살아가며 율법서와 예언서를 규칙적으로 낭독했다. 이스라엘이 하나님의 율법을 완전하게 지키면 하나님이 그분의 때에 그분의 방식으로 개입하여 그분의 나라를 세우시리라는 것이 그들의 믿음이었다. 그래서 그들은 모든 이스라엘 백성에게 어떻게든 율법을 세세한 것까지 완벽하게 지키게 하려고 애썼다.

4. 세속을 떠남

끝으로 일반적인 삶에서 손을 떼고 뒤로 물러난 사람들이 있었다. 사해 사본을 통해 알려졌듯이, 그들은 서로 싸우는 세속의 삶을 등지고 광야에 수도원 공동체들을 세웠다. 그들은 하나님이 개입하여 자기 백성을 구원하고 통치하실 그날을 자신들의 기도와 금식을 통해 앞당길 수 있다고 믿었다.

예수의 길

예수는 바로 그런 세상 속에 태어나셨다. 그분의 생애 첫 30년에 대해서는 별로 알려진 바가 없다. 열두 살 아이 시절에 성전에서 율법 교사들과 함께 성경 해석에 대해 토론하던 멋진 모습이 잠깐 나올 뿐이다. 하지만 이후의 가르침을 바탕으로 우리는 그에 대해 두 가지를 자신 있게 말할 수 있다.

첫째, 성전에 갔던 어린 시절의 일화에 이미 암시되어 있듯이 그분은 틀림없이 성경의 대가셨다. 이렇게 단언할 수 있는 이유는 적들조차 그분을 '랍비'라고 불렀다는 사실 때문이다. 지금과 달리 당시에는 랍비라는 단어에 직업적 교사라는 의미가 없었다. 자신이 성경 해석의 참된 대가임을 입증하는 사람은 누구나 그 호칭으로 불렸다. 적들조차 예수를 일관되게 랍비라고 불렀다는 사실은 그분이 정말 그런 대가로 인정받았다는 증거다. 우리는 그것을 이런 뜻으로 받아들여야 한다. 공생애 이전의 알려지지 않은 시기에 그분은 성경에서 아버지의 말씀을 듣고자 열심히 공부하셨다는 것이다.

둘째, 예수는 처음부터 하나님을 아버지로 알고 계셨다. 이렇게 자신 있게 말할 수 있는 이유는 그분이 하나님을 지칭하실 때 항상 아빠*abba*라는 단어를 쓰셨기 때문이다. 이 아람어 단어는 아버지와 자녀의 가장 깊고 친밀한 관계를 표현해 주는 말이다. 알다시피 복음서는 당시의 공용어인 그리스어로 기록되었다. 그런데 복음서 저자들은 왜 굳이 이 아람어 단어를 그냥 두었을까? 그것은 분명히 예수의 입에서 실제로 이 단어가 나왔을 때의 소리를 그들이 결코 잊지 못했기 때문이다. 이는 그분과 아버지의 관계를 표현해 주는 특유의 단어였다. 그래서 우리는 자신 있게 단언할 수 있다. 공생애 이전에 예수는 성경을 깊이 공부했을 뿐 아니라 하나님을 가장 친밀하게 아버지로 아셨다.

하지만 이스라엘은 아직 하나님의 행동을 기다리고 있

었다. 아주 오래도록 침묵의 연속인 것 같았다. 그 땅에 진정한 예언의 음성이 들려온 지 어언 수세기가 지났다. 어느 날 드디어 나사렛의 길목과 장터에도 소문이 들려온다. 예수의 친척인 새로운 예언자 요한이 광야에 나타난 것이다. 그는 엘리야 같은 예언자의 진정한 모습과 음성을 다시 대변하는 듯 보였다. 그는 온 이스라엘에 철저한 회개를 촉구했다.

일찍이 이스라엘은 약속의 땅에 들어갈 때 요단 강물을 통과했다. 요한은 이스라엘에게 다시 출발점으로 돌아가 철저히 새로 시작하라고 했다. 회개의 세례를 통해 요단 물을 통과하여 죄 사함을 받고 새 출발을 하게 했다. 허다한 무리가 요한의 말대로 하고 있었다. 예수께는 그것이 아버지께서 부르시는 신호였다. 그분은 때가 왔음을 아셨다. 목수의 연장을 내려놓고 갈릴리 언덕에서 요단 강둑까지 먼 길을 떠날 날이 온 것이다. 처음으로 대중 앞에 모습을 드러내신 그분은, 회개하는 죄인들의 무리 가운데 서서 죄 사함을 얻게 하는 회개의 세례를 청하신다. 자신과 그들을 구별하지 않으신 것이다. 그분은 이스라엘의 일부다. 이스라엘의 죄를 자신의 죄로 삼아 범죄자 중의 하나로 헤아림을 받으신다. 알다시피 요한은 그분의 청을 거부한다. 그래도 예수는 한사코 요단 물에 들어가, 죄 사함을 얻게 하는 회개의 세례를 요한에게 받으신다.

그때 예수의 공생애를 출범시키는 사건이 벌어진다. 하늘에서 그분께 이런 음성이 들려온 것이다.

"이는 내 사랑하는 아들이요 내 기뻐하는 자라."

아울러 그분은 에스겔과 다른 예언자들이 약속했던 대로 하늘로부터 성령의 기름부음을 받으신다. 마침내 권능의 성령께서 하나님의 왕권을 이 땅에 들여오신다. 그래서 예수 시대 이후로 우리는 하나님이라는 개념 자체를 아버지와 아들과 성령의 관점에서 다시 생각해야 한다.

곧바로 예수는 성령의 능력으로 광야로 이끌려 가 다음과 같은 거대한 질문에 부딪히신다. "하나님의 아들로 산다는 것은 무슨 뜻인가? 성령의 기름부음을 받아 하나님 나라를 들여놓는다는 것은 무슨 뜻인가?" 40일 동안 예수는 광야에서 씨름하시며, 사람들의 추종을 얻어 내는 방법으로 세상이 제시하는 세 가지 길을 마주하신다. 첫째는 경제적인 길이다. "사람들의 당면한 욕구를 채워 주고, 배고플 때 먹여 주고, 필요한 것을 주라. 그들에게 만족감을 주면 그들이 너를 따를 것이다." 예수는 이 길을 거부하신다.

다음은 종교적인 길이다. "뭔가 거창한 일, 하나님의 기적으로밖에 설명될 수 없는 일을 행하라. 그러면 사람들이 너를 따를 것이다." 예수는 이 길도 거부하신다.

끝으로 정치적인 길이다. "세상의 정치 세력을 동원하여 세상을 지배하라." 예수는 이 길을 택하실 수도 있었지만 역시 거부하셨다. 그 길을 거부하심으로 십자가의 길을 택하신 것이다. 그래서 그분은 광야에서 고향 갈릴리로 돌아와 단호하게 다음의 말씀을 선포하신다.

> "때가 찼고 하나님 나라가 가까이 왔으니, 회개하라. 그리고 나를 믿고 따르라."
>
> "하지만 새로운 게 없지 않소? 독실한 유대인치고 하나님이 다스리신다는 사실을 모르는 사람은 없소! 이미 안식일마다

성전에서 그렇게 노래하고 있소! 도대체 무엇이 새롭다는 거요?"

"새로운 것은 하나님 나라가 지금 여기, 바로 너희 앞에 있다는 사실이다."

"어디 있다는 거요? 보이지도 않는데!"

"엉뚱한 쪽을 보고 있으니 보이지 않는 것이다. 너희는 뭔가 다른 것을 기대하고 있다. 돌이켜서 회개하고, 나를 따르라. 나를 믿고 따르면 하나님 나라가 무엇인지 알게 될 것이다."

예수 자신이 하나님 나라의 현존이기 때문이다. 그 나라는 새로운 정권도 아니고, 새로운 프로그램도 아니며, 새로운 이데올로기도 아니고, 새로운 철학도 아니다. 그 나라는 예수 자신이다. 그래서 하나님의 왕권을 알려면 예수를 믿고 따라야 한다.

그분의 말씀에 온 갈릴리가 흥분해서 술렁거린다. 사람들은 그분을 따르면서도 어리둥절해 한다. "그 나라는 무엇인가? 어디에 있는가?" 그분을 따르면서도 그들은 알 수 없는 의문에 빠진다.

예수께서 어떻게 자신의 사역을 통해 하나님의 통치를 가르치시고 나타내 보이셨는지 다음 장에서 살펴볼 것이다.

6. 희생제물

Sacrifice

이제 우리는 예수께서 갈릴리에 오셔서 하나님 나라가 임했음을 공표하시는 지점에 이르렀다.

예수의 말씀을 듣던 대다수 사람들에게 아주 분명했던 사실이 하나 있다. 하나님은 온 땅의 진정한 왕이시며 아시리아, 바빌로니아, 페르시아, 그리스, 로마 등의 통치 세력은 모두 찬탈자라는 것이다. 따라서 하나님 나라가 가까이 왔다는 말은 곧 로마 세력이 무너지고 이스라엘이 다시 하나님의 직접적인 통치를 받게 된다는 뜻일 수밖에 없다. 그렇게 하나님은 시온에서 만국을 다스리실 것이다. 그래서 하나님 나라가 가까이 왔다는 예수의 선포는 당연히 엄청난 흥분을 불러일으킨다. 와서 듣는 무리에게 의심과 혼란이 생겨난다. 예수의 말씀은 정확히 무슨 뜻인가?

예루살렘의 당국자들이 우려한 것 역시 당연한 일이다. 그들은 정탐꾼을 보내 사태를 파악하게 한다. 예수가 정말 말썽꾼인지 직접 들어 보고 판단하려는 것이다. 그래서 예수는 암호 같은 언어로 가르치실 수밖에 없다. 예루살렘에서 온 정탐꾼들이 자신의 말을 책잡아 체포의 빌미로 삼을 수 없도록 그분은 비유로 말씀하신다. 그래도 들을 귀가 있는 사람들은 알아들을 수 있다.

단지 말씀만이 아니다. 예수께는 특별한 권세가 있다. 말 한마디로 병자를 고치시고, 맹인의 시력을 되찾아 주시며, 나병환자를 깨끗하게 하신다. 하지만 그보다 더 중대한 일은 그분이 죄 사함을 선포하신다는 것이다. 율법에는 죄 사함을 받는 정확한 절차가 규정되어 있다. 죄를 지은 사람은 성전에 가서 지정된 희생제물을 바치고, 제사장의 중재를 통해 사함을 얻도록 되어 있다. 그런데 예수는 백성을 자유롭게 하려고 오셨다. 그분의 말씀은 특별한 권세와 능력이 있다. 은혜와 자비의 말씀이면서 동시에 검처럼 예리한 말씀이다.

예수를 따르던 무리 중에는 우호적인 사람들도 있고, 호기심에 찬 사람들도 있고, 적대적인 사람들도 있었다. 예수는 그중에서 열둘을 자신의 특별한 동료로 택하셨다. 그들은 그분과 함께 살며 그분의 모든 여행과 가르침과 식사에 동참하게 된다. 이를 통해 하나님 나라의 현존이신 그분의 실체를 온전히 알아가게 된다. 그들은 물론 예수의 정체에 대해 사람들 사이에 떠돌던 모든 말도 알고 있었다.

새로운 나라

예수는 가까운 제자들을 데리고 무리를 떠나, 한적한 곳으로 가셔서 이렇게 물으신다.

"너희는 내가 누구라고 믿느냐?"

하나님이 시몬 베드로의 마음속에 다음과 같은 결정적인 답을 넣어 주신다.

"주는 그리스도이시며, 나라를 세워 통치하도록 하나님이 보내신 분입니다."

그때부터 예수는 그들에게 자신의 왕권이 어떤 형태의 것인지 가르치신다. 그분은 이전에 성경에서 배운 모든 내용대로 가르치셨다. 하나님의 이름으로 다스리는 왕은 반드시 버림받고 고난과 능욕을 당하지만 결국에는 의롭다 여김을 받을 것이다. 이 사실이 제자들의 마음속에 각인되도록 하나님은 예수와 제자들에게 변화산의 놀라운 경험을 허락하신다. 거기서 예수는 하나님의 영광으로 충만해지고, 제자들은 율법서와 예언서를 대변하는 모세와 엘리야를 본다. 모세와 엘리야는 예수를 증언하며 그분께 십자가의 길을 가도록 격려한다. 그 순간부터 예수는 최후의 결전을 위해 예루살렘으로 향하신다.

그분은 유월절에 맞춰 예루살렘에 마지막으로 들어가신다. 그때는 하나님이 자기 백성을 또다시 구원하실 것이라는 기대감과 흥분이 최고조에 달하는 시기였다. 유월절 자체가 하나님이 예전에 자기 백성을 이집트에서 구원하신 사건을 기념하는 절기이기 때문이다. 또한 예수는 최후의 결전에 들어서는 방식도 스가랴의 예언에 맞추신다. 일찍이 스가랴는 왕이 나귀를 타고 와서 왕권을 주장할 것이라고 말한 바 있다.

이렇듯 예수는 제자들과 무리들이 따르는 가운데 나귀를 타고 예루살렘에 들어가 곧장 성전으로 가신다. 거기서 그분은 성전의 필수 업무—헌금용으로 공식 지정된 화폐와 제물로 쓸 동물을 공급하는 일—를 보고 있던 이들을 내쫓으신다. 상징적으로 하루 동안 성전의 정규 예배를 중단시키신 것이다. 왜 그랬을까? 그분의 가르침에 분명히 나타나듯이, 그것은 이 성전에 하나님의 심판이 선고되었음을 보이기 위해서였다. 이 성전은 파괴되고 대신 새로운 성전이 생겨날 것이다. 이제 하나님은 새로운 처소에 거하시며, 거기서 새로운 제사를 받으신다. 거기서 사람들은 자신이 하나님의 집에 와 있음을 알게 된다. 이 성전은 헤롯 성전처럼 거대한 돌들로 지어지는 게 아니라 살아 있는 돌, 곧 예수 그리스도를 통해 하나님과 화목하게 된 사람들로 지어진다.

이스라엘 지도층에게 이것은 가장 공공연한 도전이었고, 따라서 그냥 넘어갈 일이 아니었다. 분명한 이유로 예수는 유월절을 앞둔 그 기간 동안 예루살렘에 머물지 않으시고 인근 마을에서 밤을 보내셨다. 하지만 낮에는 숨지 않고 날마다 성전에 앉아 공개적으로 가르치셨다. 그 주에 말씀하신 비유 중 하나는 아무도 그 뜻을 모르려야 모를 수 없었다. 예수는 이사야의 옛 비유를 빌려오셨다. 이사야는 이스라엘이 하나님의 포도원이며, 하나님이 정의와 자비의 열매를 기대하셨지만 열매를 얻지 못했다고 말씀하셨다. 예수께서 다시 하신 이야기에 보면, 포도원 주인이 차례로 사자를 보내지만 소작농들은 그들을 다 물리친다. 결국 포도원 주인은 최후의 방책으로 자신의 사랑하는 아들을 보내지만, 그들은 아들마저 내쫓아 죽인다.

아무도 이 비유의 의미에 의혹이 있을 수 없었다. 이제 당국자들은 예수의 가르침에 굴복하거나 그분을 제거하거나 둘 중 하나를 택해야만 했고, 그들은 그분을 제거하기로 결정했다. 예수의 제자들은 이제부터 벌어질 일에 미리 준비될 필요가 있었다. 그래서 그분은 유월절 바로 전날에 제자들을 모아 놓고 평소처럼 식사를 하시면서, 말로는 결코 보여줄 수 없는 것을 행동으로 보여주셨다. 그분은 식탁에 놓인 빵을 들어 그들에게 떼어 주시며 말씀하셨다.

"이것은 너희를 위하여 찢기는 내 몸이다."

이어 잔을 들어 그들에게 나누어 주시며 말씀하셨다.

> "이것은 너희와 많은 사람을 위하여 흘리는 내 피로 세운 새 언약이다. 너희가 다 이것을 마셔라."

이런 행동의 의미는 무엇인가? 그 의미는 아주 명백하다. 그분은 그들에게 "지금부터 나 혼자 해야 할 일이 있다"고 말씀하신 셈이다. 예수께서 그 순간 하셔야 할 일을 아무도 대신할 수 없다. 하지만 그분은 그들을 버려두고 가시는 것이 아니다. 오히려 그분이 그 길을 가셔야만 그들은 그분과 함께 있을 수 있고, 그분의 마지막 희생의 행위에 실제로 동참할 수 있다. 이 잔은 예레미야가 약속했던 새 언약이다. 이제 하나님의 율법이 돌판이 아니라 사람들의 마음속에 새겨질 것이다. 그래서 예수는 그들에게 자신의 살과 피를 먹고 마시라고 명하신다. 모든 것이 무너져 절망적으로 보일 때도 그들은, 그 행위를 통해 영원히 그분과 결속될 수 있고 그분의 죽음과 승리에 동참할 수 있다.

죽음과 승리

그래서 예수는 제자들을 이끌고 긴 계단을 내려가 겟세마네 동산으로 가신다. 이 계단은 오늘 우리 앞에도 있다. 그 동산에서 회의의 마지막 고뇌가 찾아온다. "이것이 정말 아버지의 뜻인가?" 그 마지막 고뇌 속에서 예수는 엄습해 오는 모든 회의와 유혹을 물리치고 아버지의 뜻에 자신을 맡기신다. 그분이 그 계단을 다시 올라오실 때는 제자들이 곁에 없다. 그들은 이미 겁에 질려 달아났다. 그분은 죄수로 잡혀가 재판받고 정죄당하신다.

가야바와 빌라도는 부지중에 적의 하수인이 되고 예수는 그들과 마주 서신다. 심문이 시작되자 그분은 자신이 과연 오기로 약속된 인자라고 사실대로 증언하신다. 그리하여 그분은 유죄 선고를 받고, 능욕을 당하고, 채찍에 맞으며, 끌려가 죽임을 당하신다. 하나님 나라를 위한 또 하나의 투사가 십자가에 달렸다. 하지만 이전의 모든 사람들과 달리 예수는 자기를 고문하는 자들을 저주하지 않고 용서하셨다. 못이 하나씩 박힐 때마다 그분은 "아버지여, 그들을 용서하소서"라고 되뇌신다. 나란히 십자가에 달린 강도와 비탄에 잠긴 어머니와 제자에게 그분이 마지막으로 주신 말씀은 평화와 용서의 말씀이다.

이윽고 끔찍한 어둠의 시간이 임하고, 뒤이어 이런 절규가 울려 퍼진다.

"나의 하나님, 어찌하여 나를 버리셨나이까."

이 책 서두에 언급했듯이 에덴동산에 울려 퍼진 하나님의 부르짖음은 이것이었다.

"아담아, 네가 어디 있느냐."

그때는 고뇌에 찬 아버지께서 잃어버린 아들을 찾고 계셨다. 지금은 아버지의 사랑하는 아들이 잃어버린 자녀들의 운명에 동참하셨다. 그분은 그들과 함께, 그들을 위하여, 그들을 대표하여, 그들 중 하나로 아버지께 부르짖으신다.

"나의 하나님, 어찌하여 나를 버리셨나이까."

그분은 버림받고 가장 깊은 밑바닥까지 내려가신다. 그래서 우리가 아무리 깊은 절망 속에 떨어져도, 그 절망은 하나님의 아들이 우리 곁에 함께하시지 못할 만큼 깊을 수는 없다. 마침내 모든 일이 성취되어 그분은 이렇게 외치신다.

"다 이루었다."

일이 완수되었다. 이 세상의 임금이 쫓겨났다. 그래서 예수는 고개를 숙이고 숨을 거두신다. 바로 이것이 세상을 이기는 승리다. 전에도 그랬고 지금도 그렇다. 어떻게 그러한지 다음 장에서 살펴볼 것이다.

7. 새 생명, 새 공동체들

New life, new communities

예수는 십자가에 달려 죽으시고 무덤에 묻히셨다. 당시 사람들에게 이것은 분명히, 또 하나의 실패한 혁명으로 보였을 것이다. 하나님 나라를 고대하던 유대인의 소망이 또다시 물거품이 된 것이다.

그런데 세상의 모든 신앙 공동체 중에서 가장 클 뿐 아니라 지금도 빠르게 성장하고 있는 공동체가 그 십자가를 승리의 표상으로 여기고 있다. 어찌된 일인가? 이것을 설명할 수 있는 길은 하나뿐이다. 바로 성경 자체의 이야기다. 예수의 시신을 둔 무덤은 사흘이 지나자 비어 있었다. 그분은 제자들을 다시 만나 그들을 자신의 증인으로 온 세상에 보내셨다.

죽음 후의 생명

여기서 우리는 심히 어려운 문제에 직면한다. 어떤 선한 사람이 유죄 선고를 받고 죽임을 당했다면, 그 사람을 믿는 것은 어렵지 않다. 하지만 그가 사흘 만에 살아나 광채를

발하며, 제자들을 감화하여 그들에게 세계 선교를 새로 맡긴다면 어떤가? 이것이야말로 우리의 모든 경험에 어긋나는 일이 아닌가. 그게 사실이라면 우리는 세상의 근본 이치에 대해 여태까지 알고 있던 모든 것을 완전히 재고해야 한다. 게다가 이것은 새삼스러운 문제도 아니다. 이 문제가 현대의 과학 지식 때문에 생겨난다고 생각한다면 그것은 어리석은 착각이다. 죽은 사람이 사흘 후에 다시 살아나는 법은 없다. 그것은 컴퓨터가 발명되기 오래전부터 누구나 익히 알던 사실이다. 그것은 있을 수 없는 일이다! 교회가 늘 인식해 왔듯이 이것은 전혀 유례가 없는 일이다. 평범한 물리학과 화학의 법칙으로는 결코 설명될 수 없는 일이다.

하지만 한 가지 유사한 일은 있다. 이 또한 물리학과 화학과 생물학의 법칙으로는 설명될 수 없는 사실인데, 바로 세상이 처음 생겨난 창조의 사실이다. 기독교 교회가 늘 단언해 왔듯이 첫 부활절에 벌어진 일은 일종의 새 창조다. 세상에 새 시대가 열린 것이다. 하나님의 뜻은 자신의 영광스러운 목적에 따라 온 우주를 재창조하시는 것인데, 그 첫 열매가 바로 예수의 부활이다. 나는 이것이 진리임을 믿는다. 그 외에는 이후의 역사를 설명할 다른 근거가 없다. 그래서 이야기는 성경의 기록에 근거하여 지금도 계속된다.

이 놀라운 소식이 처음 터져 나오는 방식도 놀랍기 그지없다. 새로 도래한 현실은 아주 조용히 세상에 알려진다. 성금요일의 사건에 완전히 무너지지 않은 사람은 여자들뿐인 것 같다. 그들은 무덤에 갔다가 천사를 만나고, 그분이 살아 계신다는 말을 듣지만 믿지 못한다. 부활하신 주님은 막달라 마리아에게 처음 나타나신다. 마리아가 제자들에게 달려가 알리지만 그들도 믿지 못한다. 하지만 증거와 이야기가 조금씩 더 쌓이면서, 그들은 그분이 정말 살아 계심을 의심할 수 없게 된다. 마침내 예수는 제자들을 다시 모아 세상에 보내신다. 그들은 세상이 꼭 알아야 할 내용을 전해야 한다. 죄와 사망과 마귀가 드디어 정복되었고 예수께서 만유의 주님이시라는 사실이다. 최종 주관자가 누구이며 모든 인간이 결국 누구 앞에서 삶을 결산해야 하는지 세상은 반드시 알아야 한다. 만인이 다 알아야 한다. 우리에게는 이것을 우리만의 비밀로 간직할 권한이 없다. 그래서 소식은 퍼져 나간다. 예수의 사역의 대상이 일차적으로 이스라엘이므로 먼저 유대인들 사이에 퍼져 나간다.

예수는 제자들에게 예루살렘에서 기다리라고 명하신다. 그들이 먼저 성령의 기름부음을 충만하게 받아야 하기 때문이다. 이 기름부음은 예언자들이 약속했던 것이며, 예수도 세례받으실 때 그것을 받으셨다. 그래서 그들은 기쁨과 기대감을 품고 예루살렘에서 기다린다. 드디어 날이 이르자 정말 능력의 기름부음이 그들에게 임한다. 불이 붙은 그들은 기쁨에 겨워 새 메시지를 들고 거리로 뛰쳐나간다.

충돌과 연합

거부하는 사람도 있지만 받아들이는 사람도 있어 필연적으로 충돌이 뒤따랐다. 이 소식은 처음에는 유대인들 사이에 퍼지다가 점차 이방인들 사이에도 퍼져 나갔다. 그때쯤 사울의 놀라운 사역이 등장한다. 나중에 바울로 알려지는 그는 초대 교회를 박해한 주도자였지만, 다마스쿠스로 가던 길에 살아 계신 주 예수를 만나 새로운 신앙에 불타는 사도로 변한다. 그는 동역자 바나바와 안디옥에서 사역하며, 예수를 주님으로 아는 사람들—유대인과 이방인 모두—로 이루어진 위대한 새 공동체를 세웠다. 이것은 새로운 현상이었다. 유대인이라면 누구나 세상이 유대인과 이방인으로 나누어짐을 알고 있었다. 그런데 이방인들이 예수를 주님으로 받아들이고 세례를 받아 예수의 가족이 된다면, 이제 그들은 무엇인가? 그들은 더 이상 이교도가 아니다. 인종적으로 유대인도 아니지만 그렇다고 이방인도 아니다. 새로운 정체성에 걸맞은 새로운 명칭이 필요했다. 인도 사람이라면 그들을 '메시아왈라'(왈라는 사람이라는 뜻이다—옮긴이)라 불렀을지 모른다. 안디옥 사람들은 그들을 '그리스도인Christians'이라 불렀다. 그리스도인들은 하나의 공동체가 되어 온 세계에 흩어졌고, 특히 사도들은 현재 서남아시아의 많은 도시를 순회했다. 지중해 세계의 모든 큰 도시에는 회당이 있어, 흩어진 유대인 사회가 안식일마다 거기 모여 율법서와 예언서를 낭독하고 하나님 나라의 도래를 위해 기도했다. 회당 주변에는 으레 유대교 신앙의 순수성에 마음이 끌린 이방인의 무리가 있었는데, 그들은 '하나님을 경외하는 자들'이라 불렀다.

바울을 비롯한 사도들이 회당을 방문하면, 순회 학자로서 메시지를 전해 달라는 부탁을 받곤 했다. 그들은 예배 앞부분에서 낭독했던 율법서와 예언서의 내용이 이제 예수가 오심으로 성취되었다고 당당히 선포했다. 고난당하는 종, 곧 세상의 죄와 우리의 모든 범죄를 담당하는 여호와의 종에 대한 놀라운 묘사는 예수의 삶과 사역과 죽음과 부활을 통해 이미 성취되었다.

필연적으로 충돌이 뒤따랐다. 이 소식을 기쁘게 받아들이는 사람도 있었지만 받아들일 수 없는 사람도 있었다. 그래서 사람들은 두 부류로 갈라졌다. 메시지를 받아들일 수 없는 사람들은 자연히 이전의 소망을 고수해야 했다. 하나님의 약속이 장차 새 시대에 이루어져 시온이 세상의 수도가 되고 여호와가 만국을 통치하시리라는 소망이었다. 그리스도인들은 점점 이들과 분리되었다.

새것과 옛것

사도행전에서 보듯이, 교회는 서쪽으로 이동하여 마침내

로마 제국의 중심부에까지 세워진다. 사도이자 죄수로 로마에 간 바울은 주님의 발자취를 따라 죽음을 기다린다. 이어 신약성경의 다음 부분을 구성하는 위대한 서신들에서 우리는 신생 교회의 내면생활과 교회가 직면해야 했던 문제들을 엿볼 수 있다.

복음의 새 메시지를 옛 율법과 어떻게 결부시킬 것인지가 가장 큰 문제였다. 모세의 율법은 이방인들에게도 구속력이 있는가? 그리스도인이 된 이방인들은 과거와 같이 계속 이방인의 풍습대로 행해도 되는가? 이스라엘이 보기에는 가증한 풍습인데도 말이다. 결정적인 문제는 할례였다. 할례는 늘 유대인의 기본 의식儀式이었다. 바울은 이 문제에 이렇게 답했다. 아브라함과 그 후손에게 주어진 할례는 하나님의 은혜를 받는 전제 조건이 아니라 이미 은혜를 받았다는 징표였다. 하나님의 약속이 하나님의 율법보다 먼저 있었으니, 징표가 조건으로 변해서는 안 된다.

바울 서신 중 가장 위대한 로마서에 보면 그가 고대하고 있던 미래의 사역이 나온다. 지중해 동부의 사역을 마친 그는 서쪽으로 이동하여 로마를 지중해 서부 전역으로 뻗어 나가는 새로운 선교의 중심지로 삼고자 했다. 로마에는 이미 유대인과 이방인 회심자들로 이루어진 교회가 있었다. 바울은 그들이 복음의 메시지를 깨닫고, 옛것과 새것의 관계를 이해하기를 원했다. 고린도전후서 같은 그의 다른 서신들에는 전혀 다른 문제들이 다루어져 있다. 예를 들어, 이방인들은 예수 그리스도의 새로운 주권 아래서 어떻게 행동할 것인가? 이방인으로 태어나고 자라 지금도 전적으로 이방의 환경 속에 살고 있는 그들은 예수께서 재해석하신 하나님의 율법에 어떻게 순종할 것인가? 등의 문제들이다.

히브리서로 넘어가면, 바울의 논증과 동일하게 예수께서 도덕법을 충족시키신다는 내용이 나온다. 아울러 히브리서 저자의 말대로 예수는 성전 제사장의 사역과 제사장직에 관한 구약의 모든 내용도 성취하신다. 제사, 희생제물, 제사장직 등 구약에 규정된 모든 사항이 예수 안에서 이미 성취되었다. 따라서 이제 기독교 교회 자체가 거룩한 제사장이다.

신약성경은 베드로, 야고보, 유다의 목회 서신으로 이어진다. 거기서 보듯이 새로운 그리스도인 공동체들은 단정한 삶을 살아야 한다. 그래야 죽어가는 로마 세계 속에서 새 생명의 근원이 될 수 있다. 마침내 우리는 모든 것의 최종 완성을 미리 보여주는 요한계시록에 이른다. 그것이 이 책 마지막 장의 주제다.

8. 미래의 계시

Future revelation

성경 이야기를 전체적으로 읽으려는 우리의 시도는 이제 결말부에 이르렀다. 이 이야기의 구심점은 이스라엘이라는 한 나라의 특수한 역사와 예수라는 한 사람이다. 이야기가 그렇게 전개되는 이유는 하나님이 이스라엘과 예수를 택하여 창조세계 전체와 인류를 향한 자신의 목적을 맡기셨기 때문이다.

아브라함을 필두로 한 이스라엘의 이야기가 시작되기 전, 성경의 도입부인 창세기 1-11장에는 세상의 창조가 묘사된다. 이제 성경의 결말부인 요한계시록에는 세상의 종말이 그려진다. 앞 장이 끝날 때 바울은 문명 세계의 중심지로 자처하던 로마에 있었다. 선교사인 그는 또한 순교자가 되어 주님을 위해 죽음을 앞두고 있었다.

복음서의 이야기에서 로마는 배경이었다. 이제 로마는 중앙으로 이동한다. 강대국 로마는 무시무시한 군사력과 전 세계로 뻗어 나간 거대한 무역망으로 천하를 지배했고, 선전 조직을 통해 권력과 영화에 대한 자기들의 이데올로기를 세상에 주입했다. 로마는 자기들이 보기에는 인류 문명의 정점이었지만 이스라엘이 보기에는 영화에 대한 헛된 주장으로 세상을 유혹하는 '큰 음녀'였다. 성경의 마지막 책에서 하나님과 이 핵심 권력의 싸움이 마침내 종결된다. 하나님을 대적하는 모든 세력이 총공세를 펼친다. 싸움의 한쪽은 로마의 권력이고, 다른 쪽은 요한계시록에 "유대 지파의 사자"요 "창세로부터 죽임을 당한 어린 양"(요한계시록 13:8이 일부 역본에 그렇게 옮겨져 있다—옮긴이)으로 묘사된 분이다. 한쪽에서는 모든 군사력과 경제력과 이데올로기의 무기로 싸우고, 다른 쪽에서는 믿음과 소망과 오래 참는 고난과 희생의 무기로 싸운다.

한쪽에는 거짓의 세력이 있다. 그들의 허위는 온갖 선전 조직을 통해 몇 배로 증폭된다. 반면에 다른 쪽에는 진리의 말씀이 있다. 예수께서 말과 행동으로 보이신 진리의 말씀은 예리한 양날 검과도 같아서, 세상에 널리 퍼진 모든 변명과 혼미한 것과 거짓을 찔러 쪼갠다. 그래서 결국에는 심판의 날이 있을 수밖에 없다. 일찍이 예수께서 말씀하신 바와 같다.

"숨은 것이 알려지지 않을 것이 없느니라."

마지막에는 미혹이 들어설 자리가 없다. 모든 것이 있는 그대로 드러난다. 예수께서 세상의 빛이시라는 말이 그런 뜻이다. 그분의 임재 안에는 거짓이 존재할 수 없다. 모든 것은 반드시 실상이 드러나게 되어 있다.

성경의 관점에서 로마는 아시리아, 바벨로니아, 페르시아, 그리스 등으로 예시된 인간의 교만을 극대치로 보여준다. 자력으로 최종 권세를 얻어 인류를 다스리려는 교만이다. 이에 맞서 하나님은 거룩한 성을 선물로 주신다. 이 도시는 인력으로 이루어 낸 성과가 아니라 하나님의 은혜의 선물이며 더없이 아름다운 곳이다. 인간의 문화—정치, 문화, 예술 등 세계 '문명'을 이루는 모든 분야—가 동경하던 완벽한 차원이 그곳에 그대로 구현된다. 성경에 보면 장차 세상의 왕들이 자신의 보화를 가지고 그 성으로 들어간다고 했다. 그런 의미에서 그곳은 참으로 선하고 아름다운 세상을 가꾸려 한 인간의 모든 수고가 완성되는 곳이다. 그러나 이 도시는 인간의 교만이 낳은 산물이 아니라 하나님의 선물이다.

역사와 우리의 이야기

이 책 서두에서 말했듯이, 성경은 창조세계와 인류의 이야기를 전체적으로 보여준다. 그래서 성경을 통해 우리는 자신의 인생을 그 이야기의 한 부분으로 이해할 수 있다. 하지만 이야기를 전체적으로 보려고 하면 누구나 난감한 문제에 부딪힌다. 내 인생의 의미가 역사 속의 문명화 사업과 이를 통한 미래의 완전한 사회에 기여하는 데 있다면, 내 관점에서 볼 때 문제가 생긴다. 정작 나는 그곳에 동참할 수 없다는 것이다. 그날이 오기 전에 나는 이미 죽고 없을 것이다. 이는 내가 사실상 소모품이며 하나님의 궁극적 목적의 일부가 아니라는 뜻이다. 20세기의 일부 운동에서 이런 논리가 아주 치밀하게 개발되었고, 그 바람에 수백만의 남녀들이 미래의 완전한 사회라는 막연한 이데올로기와 비전을 위해 희생되었다.

나는 그것을 받아들일 수 없다. 내 인생과 내가 알고 사랑하는 사람들의 인생이 마치 일을 마친 작업장 바닥에 떨어져 있는 대팻밥처럼 한낱 원재료에 지나지 않는다고는 믿을 수 없다. 그렇다면 대안은 내 존재의 의미를 개인적 성취에서 찾는 것이다. 그러자면 결국 인류의 문명화 사업에 온전히 동참하지 못할 수밖에 없다. 나 개인의 미래에 희망을 걸어야 하기 때문이다. 그런데 여기서도 문제가 생긴다. 미래란 어차피 이 세상 너머인데, 이 세상이 끝날 때 나는 그곳에 없을 테니 말이다. 이런 영성은 우리를 세상일에 적극적으로 참여하지 못하게 만든다. 1장에 인용한 내 인도인 친구의 말이 바로 그런 뜻이다. 그는 성경이 종교 서적이 아니라 우주의 역사에 대한 독특한 해석이며, 따라서 역사 속에서 막중한 배역을 맡은 인간에 대한 해석이라고 했다.

이렇듯 우리 앞에는 두 가지 대안이 있다. 하나는 나 개인의 인생의 의미를 희생하여 역사 전체의 의미를 찾는 것이고, 다른 하나는 전체 이야기의 의미를 희생하여 나 개인의 인생의 의미를 찾는 것이다. 제3의 대안을 찾으려면—나는 그것이 답이라 믿는다—문제의 핵심이 죽음임을 인식해야 한다. 이야기가 결말에 이르기 전에 이야기와 나를 분리시키는 것은 바로 죽음이다. 성경은 죽음이 죄의 삯이라고 말한다. 우리가 죽는 이유는 내 행동이나 됨됨이가 하나님의 완전한 나라에 전혀 합당하지 않기 때문이다. 내 부고가 쓰여지기 전부터 나는 그것을 알고 있다. 우리는 하나님의 영원한 나라에 들어갈 자격이 없다. 복음서에서 보듯이 예수의 삶은 세상적 관점에서만 보면 실패로 끝났지만, 그분은 온전한 순종과 사랑으로 아버지께 자신을 드리셨다. 그래서 아버지께서는 그분을 다시 살려 새 창조의 첫 열매로 영광을 얻게 하셨다.

따라서 이제 나도 고대할 것이 생긴다. 부족하지만 내 모든 삶을 예수 그리스도 안에서 하나님께 드린다면, 그 대부분이 그럴 가치가 없을지라도 마지막 때에 하나님의 나라에 속할 것을 믿기 때문이다. 세상을 향한 희망과 나 자신을 향한 희망이 여기서 하나로 만난다. 요한계시록에 그려지는 도시는 아름다움과 문명과 선한 질서를 이루려는 인간의 모든 수고가 완성되는 곳일 뿐 아니라 또한 하나님이 모든 눈물을 닦아 주시는 곳, 우리 모두가 하나님을 대면하여 아는 곳, 우리가 그분의 것이고 그분이 우리의 것임을 아는 곳이다. 성경은 그 비전으로 마무리된다. 그 비전이 있기에 우리는 인류 전체의 이야기와 그 속에 들어 있는 우리 각자의 이야기를 의미 있게 볼 수 있다. 더욱이 예수 그리스도로 말미암아 우리는 공공의 삶의 책임과 고뇌를 회피하지 않고, 역사 속에서 자신이 맡은 배역에 충실할 수 있다. 우리 각자는 인간 역사의 모든 수고와 고통에 동참할 각오가 되어 있어야 하며, 동시에 그리스도께 믿음으로 드린 것들은 결국 마지막 때에 그분의 나라에 속하게 될 것이라고 확신해야 한다.

그러므로 내 앞에 보이는 것은 단지 텅 빈 공간이나 나의 죽음, 혹은 내가 동참하지 못할 미래의 어떤 유토피아도 아니다. 나는 예수께서 오실 그날을 사모한다. 그분의 거룩한 도시가 신랑을 위해 단장한 신부처럼 하늘에서 내려올 그날을 고대한다.